قوتابخانە - koulu 2
سەفەر - matka 5
گواستنەوە - kuljetus 8
شار - kaupunki 10
دیمەن - maisema 14
ڕێستۆرانت - ravintola 17
سوپەرمارکێت - supermarketti 20
خواردنەوە - juomat 22
خواردن - ruoka 23
مەزرا - maatila 27
ماڵ، خانوو - talo 31
ژووری دانیشتن - olohuone 33
چێشتخانە - keittiö 35
حەمام، ئاودەستخانە - kylpyhuone 38
ژووری منداڵ - lastenhuone 42
جلوبەرگ - vaatteet 44
نووسینگە، فەرمانگە - toimisto 49
ئابووری - talous 51
ئیشەکان - ammatit 53
ئامراز و کەرەستە - työkalut 56
ئامێرەکانی مووزیک - soittimet 57
باخچەی ئاژەڵان - eläintarha 59
وەرزش - urheilu 62
چالاکیەکان - aktiviteetit 63
بنەماڵە - perhe 67
جەستە، لەش - vartalo 68
نەخۆشخانە، خەستەخانە - sairaala 72
ئورژانس، بەشی فریاکەوتن - hätätilanne 76
ئەرز، زەوی - maa 77
کاتژمێر - kello 79
هەفتە - viikko 80
ساڵ - vuosi 81
شێوەکان - muodot 83
ڕەنگەکان - värit 84
دژبەرەکان - vastakohdat 85
ژمارەکان - numerot 88
زمانەکان - kielet 90
کێ / چی / چۆن - kuka / mitä / miten 91
شوێن - missä 92

Impressum
Verlag: BABADADA GmbH, Nedderfeld 112 , 22529 Hamburg
Geschäftsführer / Verlagsleitung: Harald Hof
Druck: Books on Demand GmbH, In de Tarpen 42, 22848 Norderstedt

Imprint
Publisher: BABADADA GmbH, Nedderfeld 112 , 22529 Hamburg, Germany
Managing Director / Publishing direction: Harald Hof
Print: Books on Demand GmbH, In de Tarpen 42, 22848 Norderstedt

1

قوتابخانه

koulu

پۆل
luokkahuone
دابەشکردن
jakaa
186/2
تەختە
taulu
koulunpiha
مامۆستا
opettaja
کاغەز
paperi
نووسین
kirjoittaa
پێنووس
kynä
مێزی نووسین
kirjoituspöytä
خەتکێش
viivoitin
کتێب
kirja
خوێندکار
oppilas

چەواڵ

reppu

جانتای پێنووس

penaali

پێنووس

lyijykynä

تیژکەرەوەی پێنووس

kynänteroitin

ڕەشکەرەوە

pyyhekumi

پەدی نیگارکێشان

piirustuslehtiö

2

نیگارکێشان

piirustus

فڵچەی ڕەنگ

pensseli

قوتووی ڕەنگ

vesivärit

مەقەست

sakset

چەسپ، کەتیرە

liima

کتێبی ڕاهێنان

harjoituskirja

کاری ماڵەوە

kotitehtävä

ژمارە

luku

2+2

زیدەکردن

lisätä

کەمکردن

vähentää

2×2

لێکدان

kertoa

حسابکردن، ژماردن

laskea

A

پیت

kirjain

ABCDEFG
HIJKLMN
OPQRSTU
VWXYZ

ئەلفوبێ

aakkoset

وشە

sana

نووسراوه، دەق

teksti

خوێندنەوه

lukea

گەچ

liitu

خول، دەرس

oppitunti

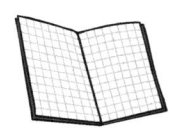

تۆمارکردن

opettajan muistikirja

ئەزموون، تاقیکردنەوه

koe

بڕوانامه

todistus

جلی قوتابخانه

koulupuku

پەروەرده

koulutus

زانیاری نامه

sanakirja

زانکۆ

yliopisto

میکرۆسکۆپ

mikroskooppi

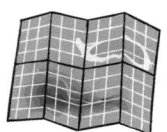

خەریتە، نەخشە

kartta

سەبەتەی کاغەز

roskakori

سەفەر
matka

میوانخانە، هۆتێل
hotelli
میوانخانە
retkeilymaja
نووسینگەی گۆڕینەوەی دراو
rahanvaihto
جانتا، ساک
matkalaukku
ئۆتۆمۆبیل
auto

زمان

kieli

بەڵێ / نەخێر

kyllä / ei

باشە

selvä

سڵاو

hei

وەرگێڕی دەق

tulkki

سپاس

kiitos

بەچەندە ...؟

....

Paljonko...maksaa?

من تێناگەم

....

en ymmärrä

کێشە

....

ongelma

ئێوارە باش!

....

Hyvää iltaa!

بەیانی باش!

....

Hyvää huomenta!

شەو باش!

....

Hyvää yötä!

ماڵئاوا، بەخێرچی

....

näkemiin

ئاراستە، ڕێڕەو

....

suunta

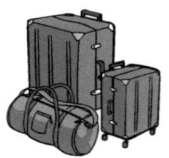

جانتا

....

matkatavarat

جانتا

....

laukku

کۆڵەپشتی

....

reppu

میوان

....

vieras

ژوور، دیو

....

huone

کیسەخەو

....

makuupussi

چادر، دەوار

....

teltta

زانیاری بۆ گەشتیار
....
turisti-info

کەناراو
....
ranta

کارتی قەرز
....
luottokortti

نانی بەیانی
....
aamupala

نانی نیوەڕۆ
....
lounas

نانی شەو
....
päivällinen

بلیت
....
matkalippu

ئاسانسۆر
....
hissi

پوول، تەمر
....
postimerkki

سنوور
....
raja

گومرک
....
tulli

باڵوێزخانە
....
suurlähetystö

ڤیزا
....
viisumi

پاسەپۆرت
....
passi

گواستنەوە

kuljetus

lentokone
کەشتی
laiva
مەکینەی ئاگرکوژێنەوە
paloauto
پاس
linja-auto
لۆری
kuorma-auto
بەلەمی ماتۆڕی
moottorivene
auto
دووچەرخە، پایسکل
polkupyörä

کەشتی گواستنەوە

lautta

بەلەمی ماتۆڕی

vene

ماتۆڕ

moottoripyörä

ئۆتومبێلی پۆلیس

poliisiauto

ئۆتومبێلی پێشبڕکێ

kilpa-auto

ئۆتۆمۆبیلی کرێ

vuokra-auto

ئۆتۆمۆبیل هاوبەشکردن

car sharing

لۆری ڕاکێشکردن

hinausauto

لۆری زبڵ

roska-auto

ماتۆڕ

moottori

سووتەمەنی

polttoaine

وێستگەی بەنزین

huoltoasema

تابڵۆی هاتووچۆ

liikennemerkki

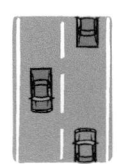

هاتووچۆ

liikenne

ترافیک

ruuhka

شوێنی ڕاگرتنی ئۆتۆمۆبیل

parkkipaikka

وێستگەی شەمەندەفەر

rautatieasema

هێڵی ئاسن

raiteet

شەمەندەفەر

juna

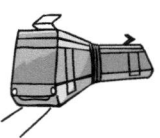

قەتاری سەرشەقام

raitiovaunu

داشقە

vaunu

هەلیکۆپتەر

helikopteri

فڕۆکەخانە

lentokenttä

بورج

lähilennonjohto

نەفەر

matkustaja

دەفر، کانتینەر

kontti

کارتۆن

pahvilaatikko

داشقە

kärryt

سەوەتە

kori

هەڵفڕین / نیشتن

nousta / laskea

شار

kaupunki

گوند، دێهات

kylä

ناوەندی شار

keskusta

ماڵ، خانوو

talo

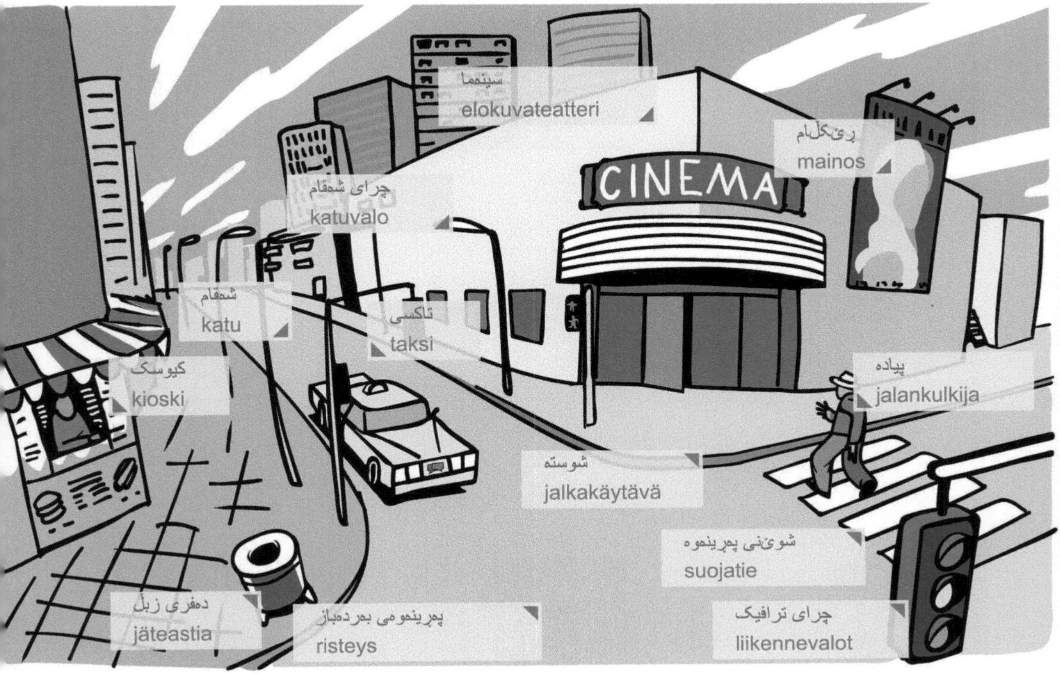

سینەما
elokuvateatteri

ڕێکلام
mainos

چرای شەقام
katuvalo

CINEMA

شەقام
katu

تاکسی
taksi

کیۆسک
kioski

پیادە
jalankulkija

شووستە
jalkakäytävä

شوێنی پەڕینەوە
suojatie

دەفری زبڵ
jäteastia

پەڕینەوەی بەردەباز
risteys

چرای ترافیک
liikennevalot

خانووچکە
mökki

نهۆم، باڵەخانە
kerrostalo

وێستگەی شەمەندەفەر
rautatieasema

کۆشکی شارەوانی
kaupungintalo

مۆزەخانە
museo

قوتابخانە
koulu

زانکۆ

yliopisto

بانک

pankki

نەخۆشخانە، خەستەخانە

sairaala

میوانخانە، هۆتێل

hotelli

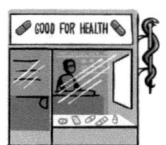

دەرمانخانە

apteekki

نووسینگە، فەرمانگە

toimisto

کتێبفرۆشی

kirjakauppa

دووکان

liike

گوڵفرۆشی

kukkakauppa

سوپەرمارکێت

supermarketti

بازار

tori

فرۆشگا

tavaratalo

ماسیفرۆش

kalakauppias

ناوەندی کڕین

ostoskeskus

بەندەر

satama

پارک

puisto

کورسی درێژ

penkki

پرد

silta

پێ پیلکان

portaat

ژێرزەوی

metro

تونێل

tunneli

وێستگەی پاس

linja-autopysäkki

مەیخانە

baari

ڕێستۆرانت

ravintola

سندووقی پۆست

postilaatikko

تابلۆی شەقام

katukyltti

پێوەری پارکینگ

parkkimittari

باخچەی ئاژەڵان

eläintarha

حەوزی مەلە

uimala

مزگەوت

moskeija

مەزرا

maatila

پیسبوونی ژینگە

ympäristön saastuminen

قەبرستان، گۆرستان

hautausmaa

کەنیسە

kirkko

شوێنی یاری

leikkikenttä

پەرستگا

temppeli

دیمەن

maisema

گەڵا
lehti

تابلۆی رێنیشاندەر
tienviitta

رێگا
tie

مەرگ
niitty

بەرد
kivi

شاخەوان
retkeilijä

دار
puu

رووبار، چەم
joki

گژوگیا
ruoho

گوڵ
kukka

دۆڵ، شیو

laakso

بەرزایی

vuori

دەریاچە

järvi

دارستان

metsä

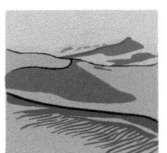

چۆڵەوار

aavikko

بورکان

tulivuori

قەڵا

linna

کۆلکەزێڕینە

sateenkaari

کارگ

sieni

دارخورما

palmu

مێشوولە

hyttynen

مێشوولە

kärpänen

مێروولە

muurahainen

مێش هەنگوین

mehiläinen

جاڵجاڵووکە

hämähäkki

قالۆنچە

kovakuoriainen

بۆق

sammakko

سمۆرە

orava

ژیشک

siili

کەروێشکە کێوی

jänis

کوند

pöllö

باڵەندە

lintu

قازی سپی

joutsen

بەرازی کێوی

villisika

ئاسک

peura

بزنە کێوی

hirvi

بەنداو

pato

تۆربینی با

tuulimylly

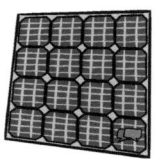

پەڕەی خۆری

aurinkopaneeli

ئاووهەوا

ilmasto

ڕێستۆرانت
ravintola

خزمەتکار
tarjoilija
لیستە، پێڕست
ruokalista
کورسی
tuoli
سووپ، شۆرباو
keitto
پیتزا
pitsa
چەقۆ و چەتاڵ
ruokailuvälineet
سفرە
pöytäliina

خواردنی دەستپێک

alkuruoka

خواردنی سەرەکی

pääruoka

دێسێر

jälkiruoka

خواردنەوە

juomat

خواردن

ruoka

بوتڵ

pullo

خواردنی خێرا

....

pikaruoka

خواردنی سەرشەقام

....

katuruoka

قۆری

....

teekannu

قوتووی شەکر

....

sokeriastia

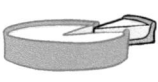

بەش

....

annos

ئامێری سازکردنی قاوەی ئێسپرەسۆ

....

espressokeitin

کورسی بەرز

....

syöttötuoli

تێچوو

....

lasku

کەشەف

....

tarjotin

چەقۆ

....

veitsi

چنگاڵ

....

haarukka

کەوچک

....

lusikka

کەوچکی چا

....

teelusikka

دەسماڵ

....

servietti

لیوان، پەرداخ

....

lasi

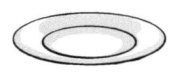

قاپ، دەوری، دەفر

lautanen

قاپی شۆرباو

syvä lautanen

ژێرپیاڵە

aluslautanen

سۆس

kastike

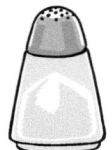

خوێدان

suolasirotin

هاڕەری بیبار

pippurimylly

سرکە

etikka

ڕۆن

öljy

بەهارات

mausteet

دۆشاوی تەمات، سۆسی تەماتە

ketsuppi

سۆسی موستارد

sinappi

سۆسی مایۆنێز

majoneesi

سوپەرمارکێت

supermarketti

داشکاندنی تایبەتی
tarjous
FOR
مشتەری
asiakas
شیرەمەنی
maitotuotteet
میوە
hedelmät
داشقە
ostoskärryt

دووکانی قەسابی

teurastamo

نانەواخانە

leipomo

کێشان

punnita

سەوزی

kasvikset

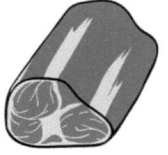

گۆشت

liha

خواردنی بەستوو

pakasteet

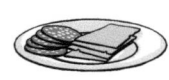

گۆشتی سارد

leikkele

خواردنی کۆنسێرو

säilykkeet

دەرمانی بشۆر

pesujauhe

شیرینی

makeiset

بەرهەمی خۆماڵی

kotitaloustarvikkeet

بەرهەمی خاوێنکردنەوە

puhdistusaineet

فرۆشیار

myyjä

ژمێرەر

kassa

ژمێریار، خەزەندار

kassanhoitaja

لیستی کڕین

ostoslista

کاتی دەوام

aukioloajat

کیسەباخەڵ، جزدان

lompakko

کارتی قەرز

luottokortti

توورەکە، کیسە

kassi

توورەکە

muovipussi

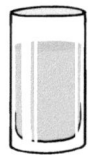

خواردنەوە
juomat

ئاو

vesi

شەربەت

mehu

شیر

maito

خەڵووز

kokis

شەراب

viini

بیرە

olut

ئەلکۆل

alkoholi

کاکاو

kaakao

چایی، چا

tee

قاوە

kahvi

قاوەی ئێسپرێسۆ

espresso

کاپۆچینۆ

cappuccino

مۆز

banaani

سێو

omena

پرتەقاڵ

appelsiini

کاڵەک

meloni

لیمۆ

sitruuna

گێزەر

porkkana

سیر

valkosipuli

حەیزەران

bambu

پیاز

sipuli

کارگ

sieni

سەموونە، گوێز، ناوکە

pähkinät

نوودڵ

spagetti

ماکارۆنی

spagetti

برینج

riisi

زەلاتە

salaatti

چپس

ranskalaiset

پەتاتەی برژاو، پەتاتەی سوورۆکراو

paistetut perunat

پیتزا

pitsa

هەمبرگەڕ

hampurilainen

ساندویچ، دۆندرمە

voileipä

پارچە گۆشت

leike

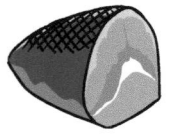

گۆشتی بەراز

kinkku

گۆشتی بەراز

salami

سۆسیس

makkara

مریشک

kana

برژاندن، نرژان

paisti

ماسی

kala

شۆرباوی ساوار

....

kaurahiutaleet

دانەوێڵەی تێکەڵ

....

mysli

دانەی دانەوێڵە

....

murot

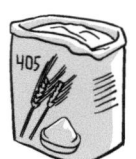

ئارد

....

jauho

کرۆسانت، نانێکی فەرەنسی

....

voisarvi

نانی خڕ

....

sämpylä

نان

....

leipä

نانی برژاو

....

paahtoleipä

بسکیت

....

keksit

کەرە، ڕۆنی کەرە

....

voi

سەرتوێژ، توێژ

....

rahka

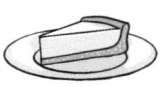

کەیک

....

kakku

هێلکە

....

kananmuna

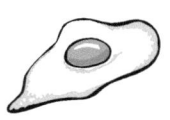

هێڵکەی برژاو

....

paistettu kananmuna

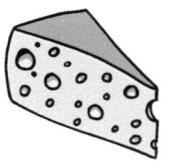

پەنیر

....

juusto

بەستەنی، دۆندرمە

jäätelö

شەکر

sokeri

هەنگوین

hunaja

مرەبا

hillo

خامەی نۆگات

suklaapähkinälevite

بەهارات

curry

مەزرا
maatila

کۆخ (ماڵ لە مەزرا)
maatila
تەویلە
lato; liiteri
کڵۆشی کا
heinäpaali
مەزرا
pelto
hevonen
ماڵی سەفەری
peräkärry
جوانوو
varsa
تراکتۆر
traktori
کەر، گوێدرێژ
aasi
مەڕ
lammas
بەرخ
karitsa

بزن
vuohi

مانگا
lehmä

گوێلک
vasikka

بەراز
sika

فەرخە بەراز
porsas

جوانەگا
sonni

مەزرا - maatila 27

قاز

hanhi

مراوی

ankka

جووچک

tipu

مریشک

kana

کەڵەشێر

kukko

جرج

rotta

پشیلە

kissa

مشک

hiiri

گا

härkä

سە، سەگ

koira

کونە سە

koirankoppi

سۆندە

puutarhaletku

تونگەی ئاودان

kastelukannu

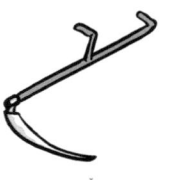

ماڵەغان

viikate

گاسن

aura

داس

sirppi

مەڕە

kuokka

شەنە

talikko

تەور

kirves

عارەبانەی دەستیی

kottikärryt

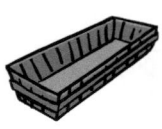

دەفری خواردنی ئاژەڵان

kaukalo

دەفری شیر

maitokannu

تەلیس

säkki

پەرژین

aita

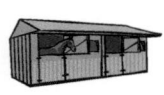

تەویلە

talli

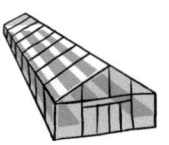

گوڵخانە

kasvihuone

خۆڵ

maa

دەنک، نۆک

siemen

پەین

lannoite

کۆمباین

leikkuupuimuri

دروێنەکردن

kerätä sato

خەرمان

sato

پەتاتە

jamssit

گەنم

vehnä

لووبیا، فاسۆلیا

soija

پەتاتە

peruna

گەنمەشامی

maissi

جۆرێک دەخڵودان

rypsi

داری بەری

hedelmäpuu

سێوبنەعەرزیلە

maniokki

دانەوێڵەی تێکەڵ

vilja

ماڵ، خانوو
talo

دووکەڵکێش
savupiippu
سەربان
katto
بۆری ناو
sadevesikouru
پەنجەرە
ikkuna
گەراژ
autotalli
زەنگی دەرگا
ovikello
دەرگا
ovi
roska-astia
سندووقی نامە
postilaatikko
باخ
puutarha

ژووری دانیشتن

olohuone

حەمام، ناودەستخانە

kylpyhuone

چێشتخانە

keittiö

ژووی خەو

makuuhuone

ژووری منداڵ

lastenhuone

ژووری نانخوارن

ruokahuone

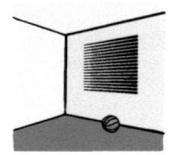

داڵان، ئەرز

lattia

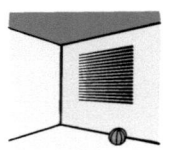

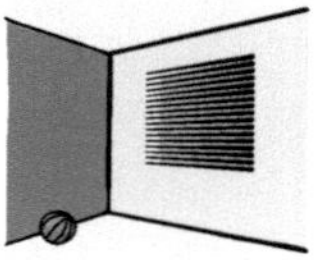

دیوار

seinä

بن میچ

katto

ژێرزەمین

kellari

ساونا

sauna

باڵکۆن، هەیوان

parveke

هەیوان

terassi

حەوز، مەلەوانگە

uima-allas

گژوگیابڕ

ruohonleikkuri

مەلافە

lakana

مەلافەی نوێن

päiväpeitto

پێخەف، نوێن

sänky

گسک

harja

سەتڵ

ämpäri

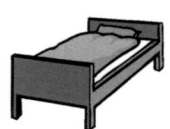

سویچ، کلیل

katkaisin

ژووری دانیشتن
olohuone

کاغەزی دیواری
tapetti
وێنە
kuva
لامپ، چرا، گڵۆپ
lamppu
ڕەفە
hylly
kaappi
تەلەفیزیۆن
televisio
ئاگردان
takka
گوڵ
kukka
باڵەنج، سەرین
tyyny
سۆفا
sohva
گوڵدان
maljakko
کۆنترۆڵ لە ڕێگەی دوور
kaukosäädin

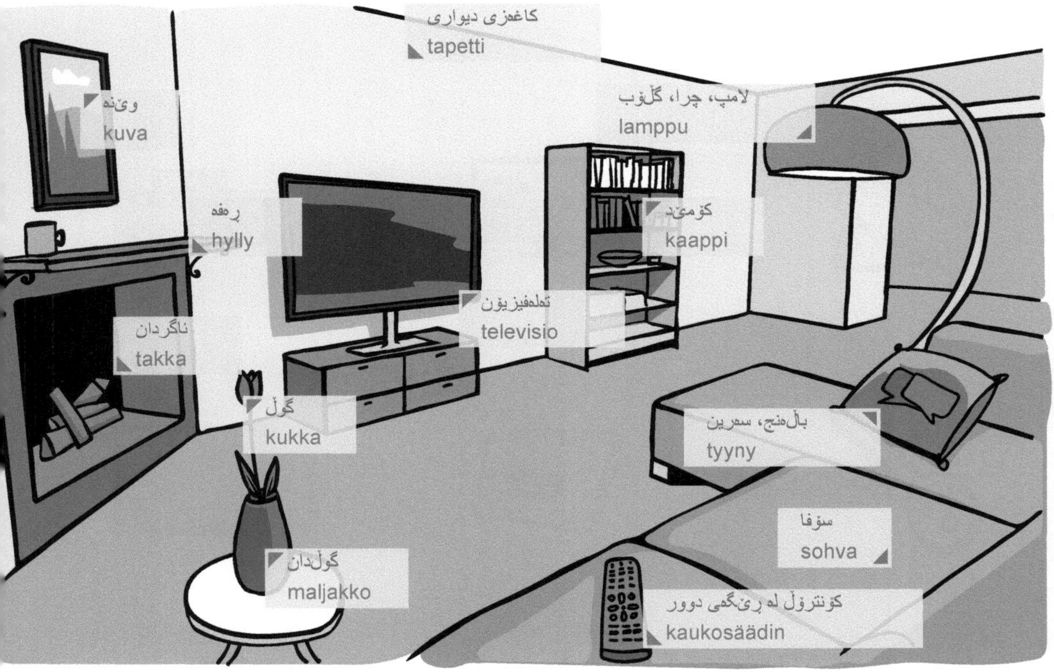

فەرش
matto

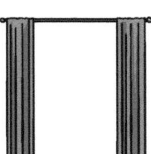

پەردە
verho

مێز
pöytä

کورسی
tuoli

کورسی ڕاژاندن
keinutuoli

کورسی دەسکدار
nojatuoli

کتێب

kirja

پەتوو، بەتانی

peitto

ڕازاندنەوە

koriste

داری سووتاندن

polttopuut

فیلم

elokuva

ستێریۆ

stereot

کلیل

avain

ڕۆژنامە

sanomalehti

نیگار، نیگارکێشان

maalaus

پۆستەر

juliste

ڕادیۆ

radio

تیانووس

muistivihko

گسکی کارەبایی

pölynimuri

کاکتووس

kaktus

مۆم

kynttilä

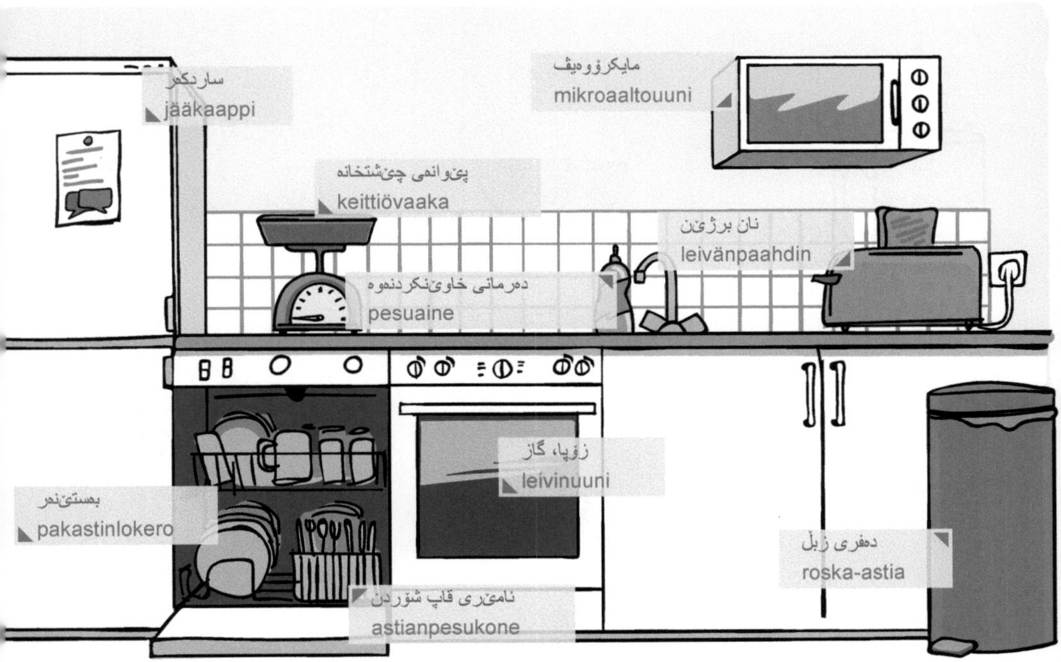

ساردکەر
jääkaappi
مایکرۆوەیڤ
mikroaaltouuni
پێوانەی چێشتخانە
keittiövaaka
نان برژێن
leivänpaahdin
دەرمانی خاوێنکردنەوە
pesuaine
زۆپا، گاز
leivinuuni
بەستێنەر
pakastinlokero
دەفری زبڵ
roska-astia
ئامێری قاپ شۆردن
astianpesukone

چێشتلێنەر

liesi

مەنجەڵ

kattila

قاپی ئوتوو

rautapata

تاوەی قووڵ

vokkipannu / kadai-pannu

تاوە

paistinpannu

کتری، ئاوگەمکەر

teepannu

چێشتخانە - keittiö

چێشتلێنەری هەڵمی

höyrykeitin

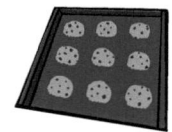

کەشەفی نانکردن

uunipelti

قاپ و قاچاغ

astiat

کۆپ

muki

قاپ

kulho

چیلکەی نانخواردن

syömäpuikot

ئەسکوێ

kauha

کەوگیر

paistinlasta

گسک

vispilä

سووزمە

siivilä

بێژنگ

siivilä

ئامێری جنینی پەنیر و سەوزە

raastin

دەستار

mortteli

برژاندن

grilli

ئاگر

avotuli

تەختەی وردکردن

leikkuulauta

تیرۆک

kaulin

بورغی فلین

korkinavaaja

قوتوو

purkki

قوتووکەرەوە

purkinavaaja

دەسرەی مەنجەڵ

pannulappu

دەسشۆر

lavuaari

فڵچە

tiskiharja

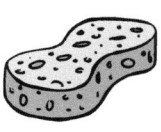

ئیسفەنج

pesusieni

تێکەڵکەر

tehosekoitin

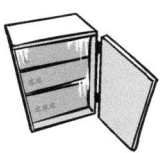

قەرسی

pakastin

شووشە شیر

tuttipullo

شێری ئاو

vesihana

حەمام، ئاودەستخانە
kylpyhuone

دووشی ئاو، خورژم
suihku
زۆپا/گەرمکەر
lämmitys
خاولی
pyyhe
پەردەی حەمام
suihkuverho
کەفی حەمام
vaahtokylpy
حەوزی حەمام
kylpyamme
لیوان، پەرداخ
lasi
ئامێری دەفرشوتن
pesukone
vesihana
کاشی
kaakelit
ئاودەستی منداڵان
potta
دەستشۆر
lavuaari

ئاودەست، توالێت

vessa

توالێتی نزم، ئاودەست

kyykkyvessa

جۆرێک توالێت

bidee

توالێت، ئاودەست

pisuaari

کاغەزی ئاودەستخانە

vessapaperi

فڵچەی ئاودەستخانە

vessaharja

فڵچەی ددان

....

hammasharja

خەمیری ددان

....

hammastahna

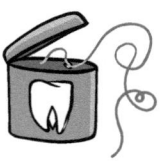

بەنی ددان

....

hammaslanka

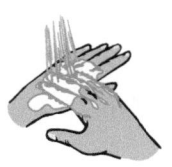

شۆردن، شوتن

....

pestä

خورژمی دەستی

....

käsisuihku

دووش

....

intiimisuihku

کاسەی دەستوچاوشوتن

....

pesuvati

فڵچەی پشت

....

selkäharja

سابوون

....

saippua

جێڵی خۆشوتن

....

suihkugeeli

شامپۆ

....

shampoo

فلانێل

....

pesulappu

ئاوەڕۆ

....

viemäri

کرێم

....

voide

بۆنخۆشکەرە

....

deodorantti

ئاوێنە

....

peili

ئاوێنەی دەستی

....

käsipeili

مەکینەی ڕیش تاشین

....

partaveitsi

سابوونی ڕیش تاشین

....

partavaahto

کرێمی دوای ڕیش تاشین

....

partavesi

شانە

....

kampa

فڵچە

....

harja

سێشوار، سەرئیشککەرەوە

....

hiustenkuivaaja

سپرەی قژ

....

hiuslakka

سووراوسپیاو

....

meikki

سووراو

....

huulipuna

ڕەنگی نینۆک

....

kynsilakka

لۆکە

....

pumpuli

مەقەستی نینۆک

....

kynsisakset

عەتر

....

hajuvesi

کیسەی حەمام
....
kosmetiikkalaukku

کورسی بێ پشت
....
jakkara

پێوەر
....
vaaka

خاولی حەمام
....
kylpytakki

دەستەوانەی چەرم
....
kumihansikkaat

تامپۆن
....
tamponi

خاولی خاوێنکردنەوە
....
terveysside

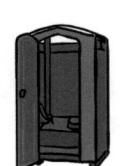

ئاودەستی کیمیایی
....
kemiallinen wc

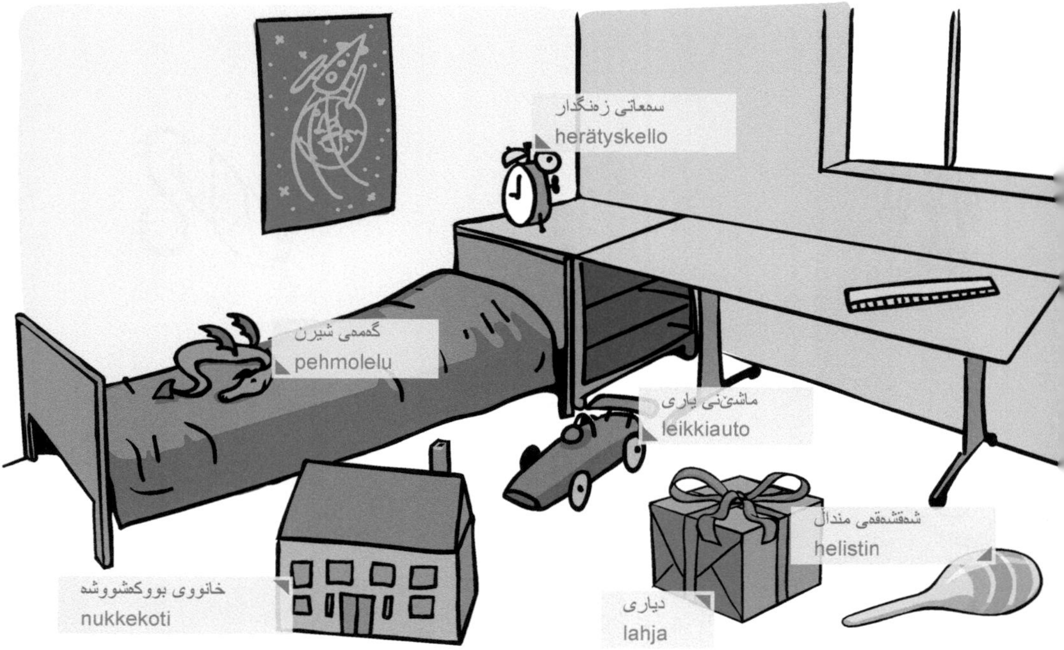

سەعاتی زەنگدار
herätyskello
گەمەی شیرن
pehmolelu
ماشێنی یاری
leikkiauto
شەقشەقەی منداڵ
helistin
خانووی بووکەشووشە
nukkekoti
دیاری
lahja

باڵۆن

ilmapallo

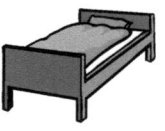

پێخەف، نوێن

sänky

داشقەی منداڵ

lastenvaunut

گەمەی کارت

korttipeli

مەتەڵ، مەتەڵۆک

palapeli

کۆمێدی

sarjakuva

خشتی لێگۆ

legopalikat

خشتی یاری

rakennuspalikat

بووکە شووشە

supersankari

جلی منداڵ

potkupuku

یاری فریزبی

frisbee

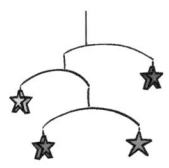

بزۆک، جووڵێنراو

mobile

یاری تەختە

lautapeli

مۆرە

noppa

مۆدێلی شەمەندەفەر

pienoisjunarata

مەمکە مژە

tutti

میوانی، جەژن

juhlat

کتێبی وێنەدار

kuvakirja

تۆپ

pallo

بووکەشووشە

nukke

کایە کردن، یاری کردن

leikkiä

قۆرتی خیزوخۆڵ

hiekkalaatikko

جۆلانە

keinu

کایەی منداڵان، یاری منداڵان

lelut

گەمەی ویدیۆیی

pelikonsoli

سێچەرخە

kolmipyörä

ورچی یاری

nalle

کەنتۆر

vaatekaappi

جلوبەرگ

vaatteet

گۆرەوی

sukat

گۆرەوی درێژ

nylonsukat

گورەوی درێژ

sukkahousut

شاڵی مل
kaulaliina

چەتر
sateenvarjo

کراس
t-paita

قایش، پشتێن
vyö

چەکمە، پۆتین
saappaat

پێڵاو
lenkkarit

پێڵاوی ماڵ
sisätossut

پاپوچ
sandaalit

کەوش، پێڵاو
kengät

چەکمەی چەرم
kumisaappaat

پانتۆڵی ژێرەوە
alushousut

ستیان، سوخمە
rintaliivit

جلیسقە
aluspaita

جەستە، لەش

body

پانتۆڵ

housut

پانتۆڵ

farkut

دامەن، تەنوورە

hame

کراس

pusero

کراس

paita

بلووز

villapaita

بلووز

collegepaita

چاکەت

jakku

چاکەت

takki

باڵتە

takki

بارانی

sadetakki

پۆشاک

puku

کراسی ژنانە

mekko

جلی زەماوەند

hääpuku

چاکەت و پانتۆڵ
....
puku

جلی خەو
....
yöpaita

جلی خەو
....
pyjama

ساری
....
shari

لەچکە
....
päähuivi

جەمەدانە، سەرپێچ
....
turbaani

بۆرکا
....
burka

کەفتان
....
kaftaani

عەبا
....
abaya

جل و بەرگی مەلەکردن
....
uimapuku

پانتۆڵی مەلە
....
uimahousut

پانتۆڵی کورت
....
shortsit

جلوبەرگی ڕاهێنان
....
verkkarit

بەروانکە، بەرکوشە
....
esiliina

دەستەوانە
....
käsineet

دوگمە
....
nappi

چاویلکە
....
silmälasit

بازنە
....
rannekoru

ملوانکە
....
kaulakoru

ئەنگوستیلە
....
sormus

گوارە
....
korvakoru

کڵاو
....
lippalakki

داری جل هەڵواسین
....
ripustin

کڵاو
....
hattu

بۆینباخ
....
solmio

زیپ
....
vetoketju

کڵاوی پارێزەر
....
kypärä

هەڵگر
....
henkselit

جلی قوتابخانە
....
koulupuku

یەکپۆش
....
univormu

بەرلیکە، بەرکۆشی منداڵ

ruokalappu

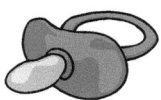

مەمکە مژە

tutti

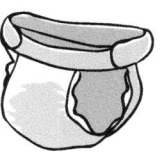

دایبی، پەڕۆشۆڕ

vaippa

نووسینگە، فەرمانگە

toimisto

palvelin
asiakirjakaappi
چاپکەر
tulostin
کاغەز
paperi
مۆنیتۆر، پیشانگەر
näyttö
مێزی نووسین
kirjoituspöytä
ماوس
hiiri
بۆخچە
kansio
تەختەکلیل
näppäimistö
سەبەتەی کاغەز
roskakori
کۆمپیوتەر
tietokone
کورسی
tuoli

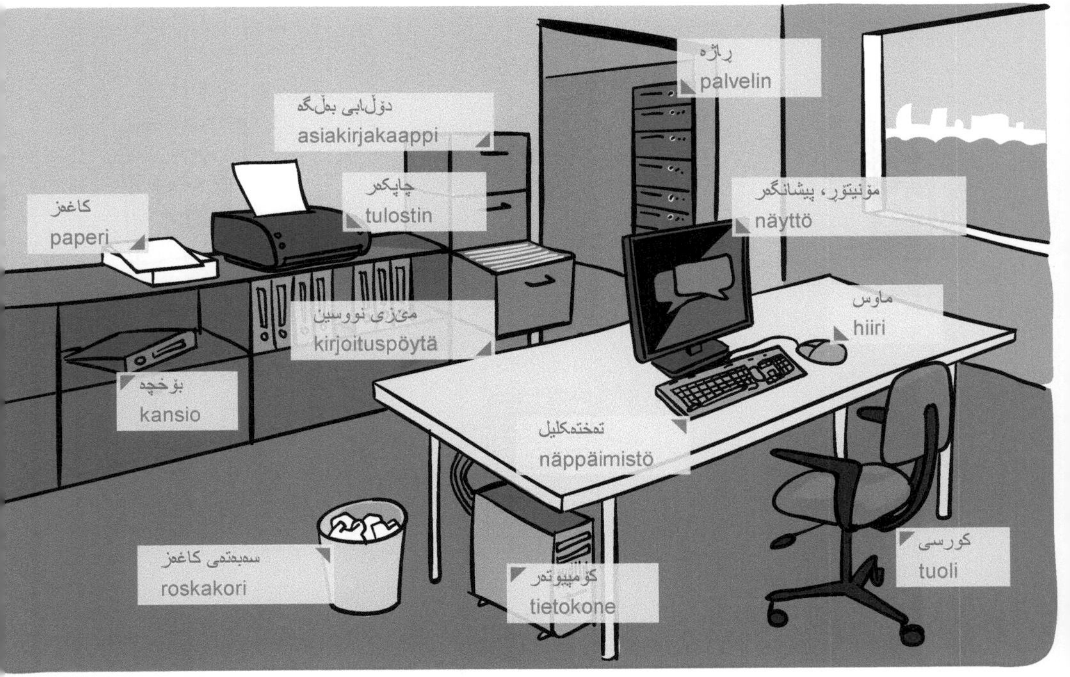

کۆپی قاوە

kahvimuki

ژمێرەر

taskulaskin

ئینتەرنێت

internet

لەپتۆپ

....

kannettava tietokone

نامە

....

kirje

پەیام

....

viesti

موبایل، تەلەفۆنی دەست

....

kännykkä

تۆڕ

....

verkko

ئامێری لەبەرگرتنەوە، کۆپیکەر

....

kopiokone

نەرمەکالا

....

ohjelmisto

تەلەفۆن

....

puhelin

ساکێتی دووشاخە

....

pistorasia

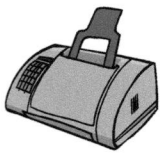

ئامێری فەکس

....

faksi

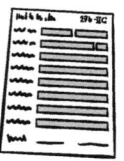

فۆرم

....

lomake

بەڵگە

....

asiakirja

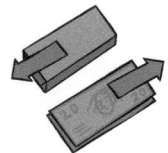

ئابووری
talous

کڕین

ostaa

پارەدان

maksaa

بازرگانی، ئاڵوگۆڕکردن

vaihtaa

پارە، دراو

raha

دۆلار

dollari

یۆرۆ

euro

یەن

jeni

ڕوبڵی ڕووسی

rupla

فرانکی سویسی

frangi

یوان، یەکەی دراوی چینی

renminbi juan

ڕووپییە

rupia

مەکینەی پارە

pankkiautomaatti

نووسینگەی گۆڕینەوەی دراو

rahanvaihto

زێڕ

kulta

زیو

hopea

نەوت

öljy

وزە

energia

بەها، نرخ

hinta

ڕێکەوتننامە

sopimus

باج

vero

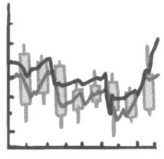

سەهام

osake

کارکردن

työskennellä

کارمەند، کارکەر

työntekijä

خاوەنکار

työnantaja

کارخانە

tehdas

دووکان

liike

ئیشەکان

ammatit

فەرمانبەری پولیس
poliisi
ئاگرکووژێنەر
palomies
چێشتلێنەر
kokki
دکتۆر
lääkäri
فڕۆکەوان
lentäjä

باخەوان

puutarhuri

دارتاش، مەرەنگوێز

puuseppä

خەییات

ompelija

دادوەر

tuomari

کیمیازان

kemisti

شانۆگەر، شانۆکار

näyttelijä

شۆفیری پاس

linja-autonkuljettaja

شۆفیر تاکسی

taksinkuljettaja

ماسیگر

kalastaja

کڵفەت

siivooja

وەستای سەربان

katontekijä

خزمەتکار

tarjoilija

ڕاوچی

metsästäjä

بۆیاخچی

maalari

نانکەر

leipuri

کارەباچی

sähköasentaja

بەننا

rakentaja

ئەنازیار

insinööri

قەساب

teurastaja

وەستای بۆری

putkiasentaja

پۆستەچی

postinjakaja

سەرباز
....
sotilas

نەخشەکێش
....
arkkitehti

ژمێریار، خەزەندار
....
kassanhoitaja

گوڵفرۆش
....
floristi

ئارایشگەر
....
kampaaja

گەیێنەر
....
konduktööri

میکانیک
....
mekaanikko

کەشتیوان
....
kapteeni

ددانساز، دوکتوری ددان
....
hammaslääkäri

زانا
....
tiedemies

مەڵای جوولەکان
....
rabbi

ئیمام
....
imaami

کەسی ئایینی
....
munkki

قەشە
....
pappi

ئامراز و کەرەستە

työkalut

چەکووش
vasara
پلایز
pihdit
پێچبادەر
ruuvimeisseli
جەرەبادەر
jakoavain
مەشخەڵ
taskulamppu

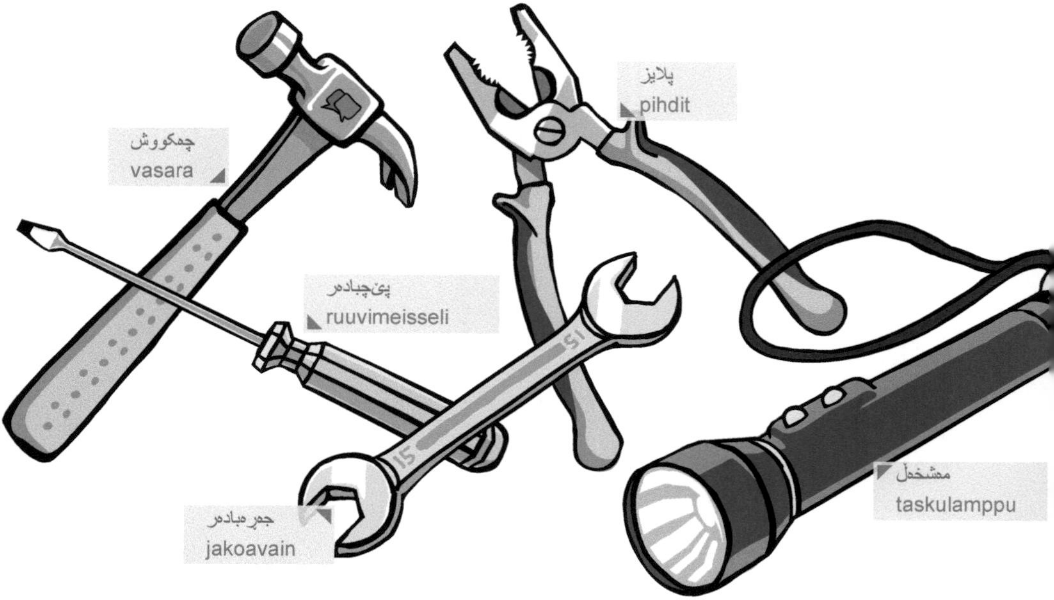

شۆفڵ
kaivinkone

سندووقی ئامراز
työkalupakki

پەیژە
tikkaat

مشار
saha

بزمارەکان
naulat

کونکەرە
pora

چاككردنهوه

korjata

پێمهره

lapio

نهفرهت!

Hitto!

خاكهناز

rikkalapio

قتووی بۆیاخ

maalipurkki

پێچهكان، جمرهكان

ruuvit

ئامێرهكانی مووزیک

soittimet

تاقمێ تهبڵ
rummut

قسهكهر، بڵندگۆ
kaiuttimet

گیتار
kitara

جۆرێ گیتار
kontrabasso

زوورنا
trumpetti

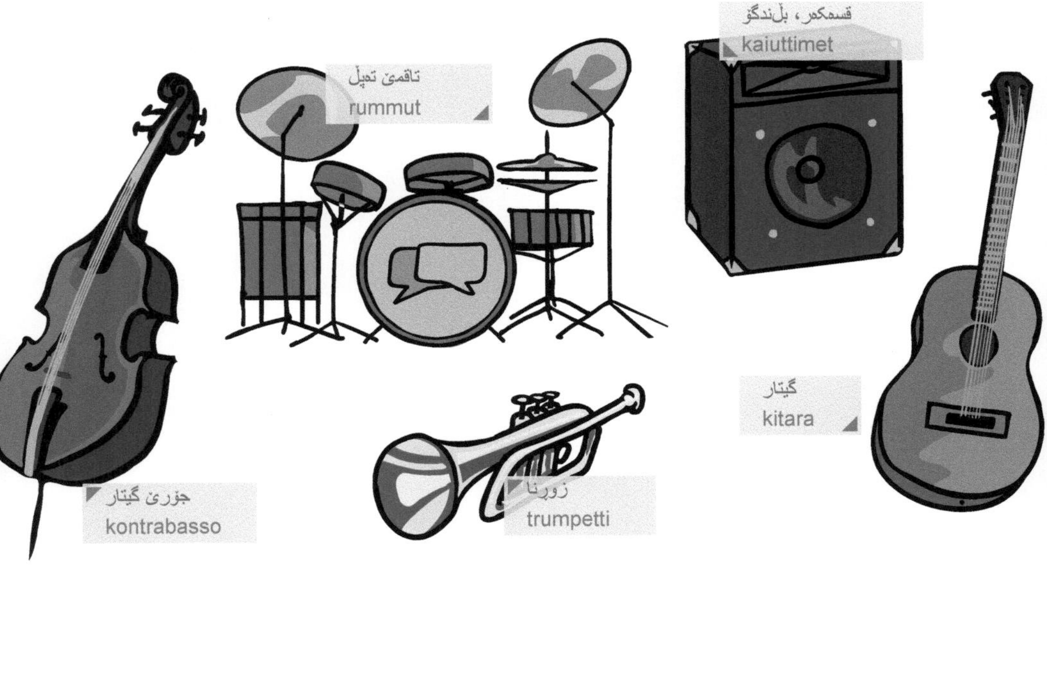

پیانۆ

piano

کەمانچە

viulu

گیتار

basso

دەهۆڵ

patarummut

تەپڵ

rumpu

تەختەکلیل

kosketinsoitin

ساکسافۆن

saksofoni

فلووت، شمشاڵ

huilu

مایکرۆفۆن

mikrofoni

tiikeri
قەفەز
häkki
seepra
خواردنی ئاژەڵان
eläinten ruoka
ورچی پاندا
panda
sisäänkäynti

ئاژەڵەکان

eläimet

فیل

norsu

کانگۆرۆ

kenguru

کەرکەدەن

sarvikuono

گۆریلا

gorilla

ورچ

karhu

باخچەی ئاژەڵان - eläintarha 59

وشتر

kameli

وشترمریشک

strutsi

شێر

leijona

مەیموون

apina

فڵامینگۆ

flamingo

تووتی

papukaija

ورچی جەمسەری

jääkarhu

پێنگوین

pingviini

قرش، سەگەماسی

hai

تاووس

riikinkukko

مار

käärme

تیمساح

krokotiili

پارێزەری باخچەی ئاژەڵان

eläintarhanhoitaja

سەگی دەریایی

hylje

پڵینگ

jaguaari

ئەسپی قەزەم

....

poni

پشیلەی پڵینگی

....

leopardi

ئەسپی ئاوی

....

virtahepo

زەرافە

....

kirahvi

هەڵۆ

....

kotka

بەرازی کێوی

....

villisika

ماسی

....

kala

کیسەڵ

....

kilpikonna

واڵڕاس، ئاژەڵێکی دەریایی

....

mursu

ڕێوی

....

kettu

ئاسک

....

gaselli

وەرزش

urheilu

تۆپیپێی ئەمریکی
amerikkalainen jalkapallo
pyöräily
تێنیس
tennis
تۆپی باسکە
koripallo
مەلەکردن
uinti
بۆکسێن
nyrkkeily
هۆکی سەر سەهۆڵ
jääkiekko

فووتبۆڵ

jalkapallo

بەدمینتۆن

sulkapallo

وەرزشوان

yleisurheilu

هەندباڵ

käsipallo

خلیسکێن

hiihto

پۆلۆ

poolo

پێکەنین
nauraa
بازکردن
hypätä
لەباوەشگرتن، لەئامێزگرتن
halata
بەڕێداڕۆیشتن، پیاسەکردن
kävellä
گۆرانی خوێندن
laulaa
خەون دیتن، خەون بینین
unelmoida
پاڕانەوە، نوێژکردن
rukoilla
ماچکردن
suudella

نووسین

kirjoittaa

وێنەکێشان

piirtää

نیشاندان

näyttää

پاڵ پێوەنان

painaa

دان

antaa

هەڵگرتن

ottaa

هەبوون

omistaa

کردن

tehdä

بوون

olla

ڕاوەستان

seisoa

هەڵاتن

juosta

کێشان

vetää

هاویشتن

heittää

کەوتن

kaatua

درۆکردن

maata

چاوەڕێبوون

odottaa

هەڵگرتن

kantaa

دانیشتن

istua

جل لەبەرکردن

pukeutua

خەوتن

nukkua

لەخەوهەستان

herätä

چاولێکردن

katsoa

گریان

itkeä

جەڵتەلێدان

silittää

قژداهێنان، شانەکردن

kammata

قسەکردن

puhua

تێگەیشتن

ymmärtää

پرسیارکردن، پرسین

kysyä

گوێڕاگرتن

kuunnella

خواردنەوە

juoda

خواردن

syödä

ڕێکوپێک کردن

siivota

خۆشویستن

rakastaa

چێش لێنان

keittää

شۆفێریکردن

ajaa

فڕین

lentää

کەشتیوانی

purjehtia

حسابکردن، ژماردن

laskea

خوێندنەوە

lukea

فێربوون

oppia

کارکردن

työskennellä

زەماوەندکردن

mennä naimisiin

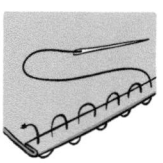

دورین، دورومانکردن

ommella

فڵچە لەددان دان

pestä hampaat

کوشتن

tappaa

جگەرەکێشان

tupakoida

ناردن

lähettää

بنەماڵە
perhe

دایەگەورە
mummo
باوەگەورە
ukki
باوک، باب
isä
دایک
äiti
منداڵی ساوا
vauva
کچ
tytär
poika

میوان
vieras

پوور
täti

مام، خاڵ
setä

برا
veli

خوشک
sisko

جەستە، لەش

vartalo

ناوچاوان، توێڵ
otsa
چاو
silmä
دەموچاو، ڕوومەت
kasvot
چەنە
leuka
سنگ
rinta
قامک
sormet
دەست
käsi
باسک، قۆڵ
käsivarsi
شان
olkapää
لاق
jalka

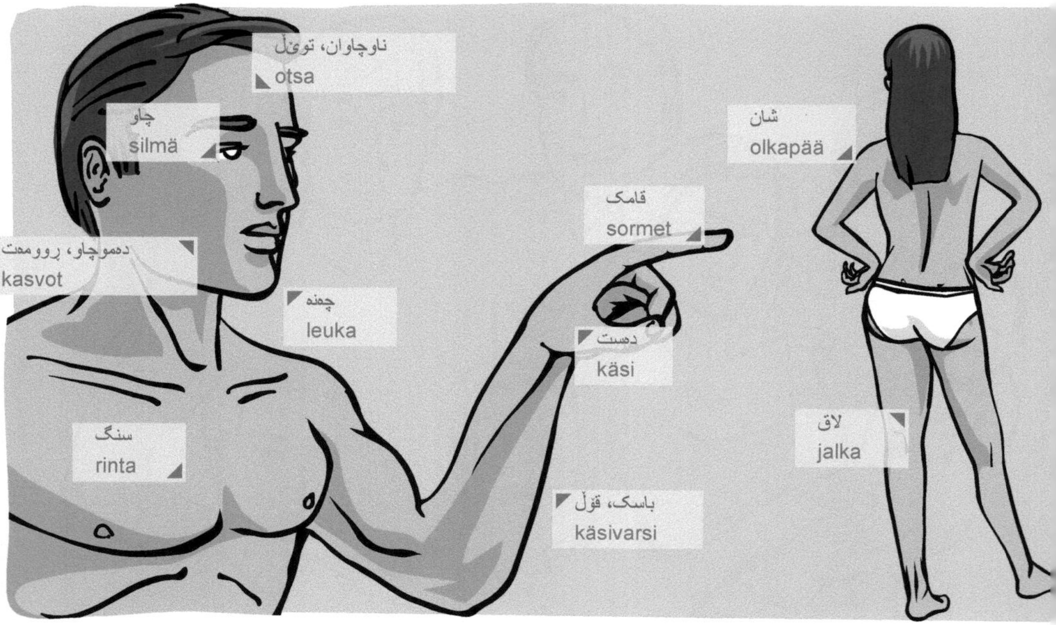

منداڵی ساوا

vauva

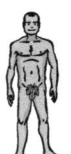

پیاو

mies

ژن

nainen

کچ

tyttö

کوڕ

poika

سەر

pää

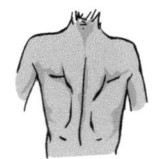

پشت

selkä

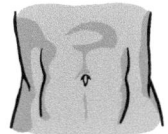

زگ

maha

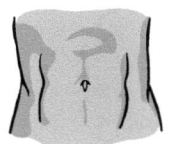

ناوک

napa

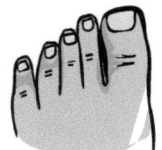

قامکی پێ

varvas

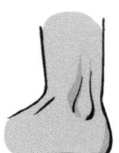

پاژنەی پێ

kantapää

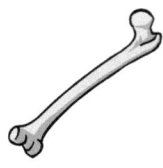

ئێسقان، ئێسک

luu

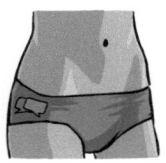

سمت

lantio

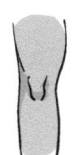

ئەژنۆ

polvi

ئانیشک

kyynärpää

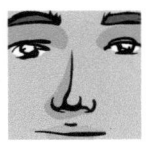

لووت

nenä

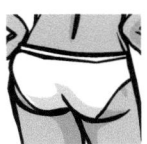

قوون

takapuoli

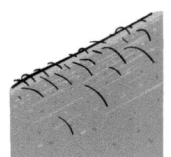

پێست

iho

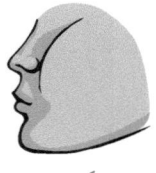

گوپ

poski

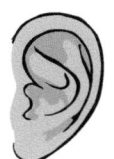

گوێ

korva

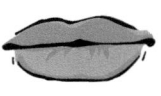

لێو

huuli

دەم، زار

suu

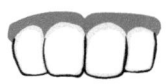

ددان

hammas

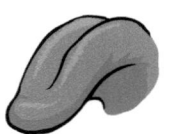

زمان

kieli

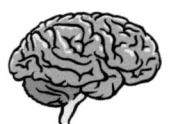

مێشک

aivot

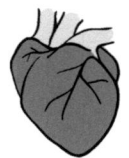

دڵ

sydän

ماسوولکە

lihas

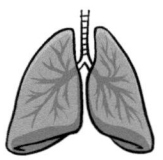

سیپەلاک، سی

keuhkot

جەرگ

maksa

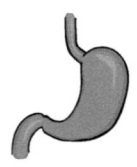

گەدە

vatsa

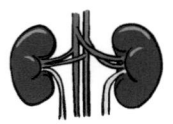

گورچیلە

munuaiset

سێکس

seksi

کۆندۆم

kondomi

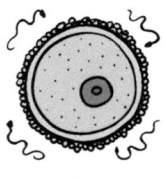

توو، گەرا

munasolu

تۆو

sperma

دووگیانی

raskaus

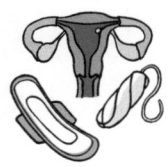

کەوتنە سەر خوێن

....

kuukautiset

زێ

....

vagina

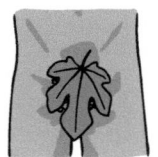

کێر

....

penis

برۆ

....

kulmakarvat

قژ

....

hiukset

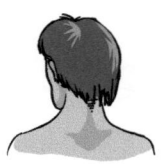

مل

....

niska

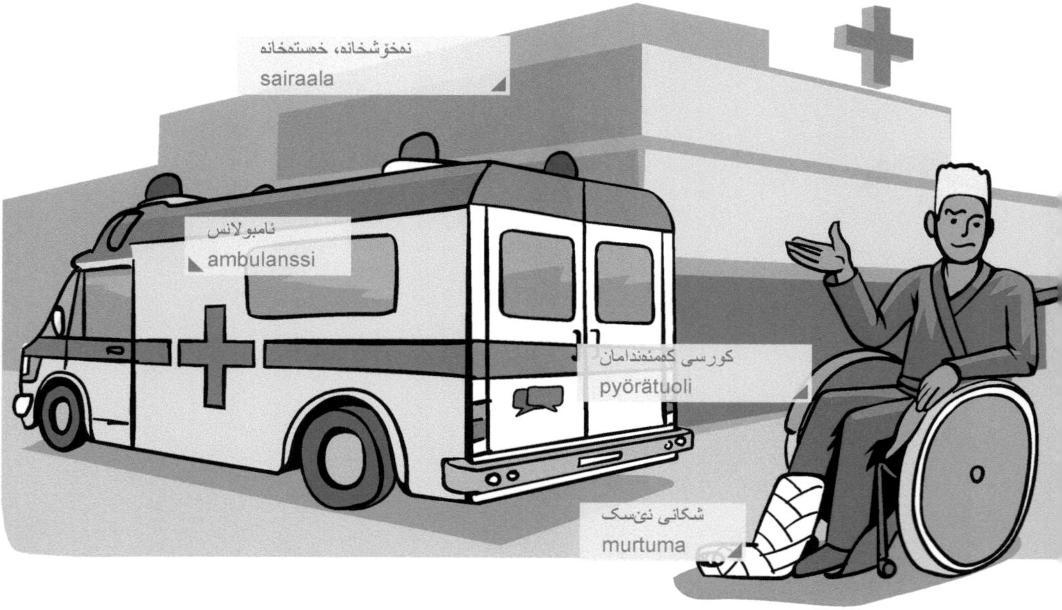

نەخۆشخانە، خەستەخانە

sairaala

sairaala
ئامبولانس
ambulanssi
کورسی کەمئەندامان
pyörätuoli
شکانی ئێسک
murtuma

دکتۆر

läääkäri

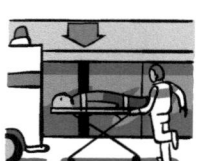

ژووری فریاکەوتن

ensiapu

نەخۆشوان

sairaanhoitaja

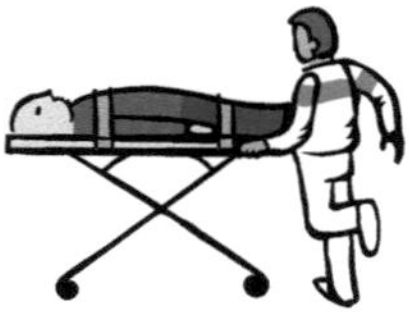

ئورژانس، بەشی فریاکەوتن

hätätilanne

بێهۆش

tajuton

ژان، ئێش

kipu

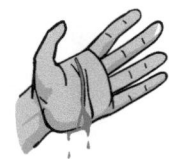

برینداری

vamma

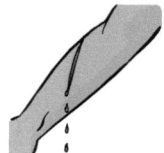

خوێنڕێژی

verenvuoto

جەڵتەی دڵ

sydänkohtaus

جەڵتە

aivoinfarkti

ئالێرژی، هەستیاری

allergia

کۆخە

yskä

تا

kuume

ئەنفلۆنزا

flunssa

زگچوون

ripuli

سەرێشە، ژانەسەر

päänsärky

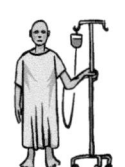

سەرەتان

syöpä

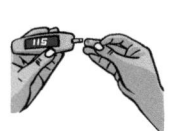

شەکرە

diabetes

نەشتەرگەر

kirurgi

نەشتەر، چەقۆی توێکاری

veitsi

نەشتەرگەری

leikkaus

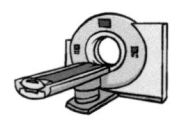

CT
....
ct

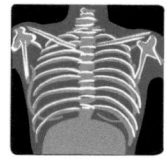

تیشکی ئێکس
....
röntgen

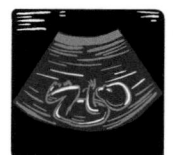

ئوڵتراساوند
....
ultraääni

ماسکی ڕوومەت
....
maski

نەخۆشی
....
sairaus

ژووری چاوەڕێبوون
....
odotushuone

گۆچان
....
sauva

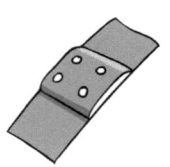

مشەما
....
laastari

برین پێچ
....
side

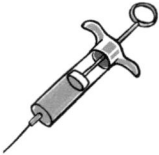

دەرزی لێدان
....
pistos

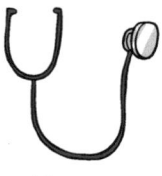

بیستۆکی پزیشک
....
stetoskooppi

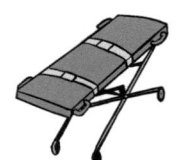

داربەست
....
paarit

گەرماپێوی کلینیکی
....
kuumemittari

لەدایکبوون
....
syntymä

زیادەکێشە/قەڵەویی
....
ylipaino

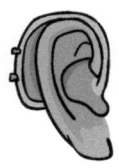

بیستۆک
....
kuulolaite

میکرۆبکوژ
....
desinfiointiaine

چڵک
....
infektio

ڤایرۆس
....
virus

ئەیدز
....
HIV / AIDS

دەرمان
....
lääke

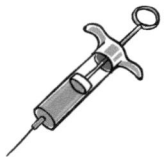

کوتان
....
rokotus

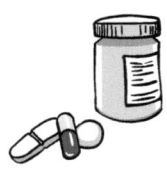

حەب
....
tabletit

حەب
....
pilleri

تەلەفۆنی فریاکەوتن
....
hätäpuhelu

پیشانگەری پەستانی خوێن
....
verenpainemittari

نەخۆش / سڵامەت
....
sairas / terve

ئورژانس، بەشی فریاکەوتن

hätätilanne

یارمەتی!

Apua!

ئاگادارکردنەوە، ئەلارم

hälytys

دەستدرێژی

ryöstö

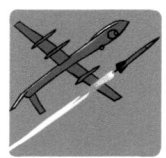

هێرشکردن

hyökkäys

مەترسی

vaara

چوونەدەرەوەی ئورژانس

hätäuloskäynti

ئاگر!

Tulipalo!

ئاگرکوژێنەوە

palosammutin

ڕووداو، پێشهات

onnettomuus

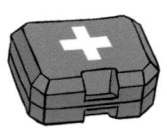

قوتووی یارمەتی فریاکەوتن

ensiapulaukku

SOS

SOS

پولیس

poliisilaitos

ئەرز، زەوی

maa

ئەوروپا

Eurooppa

ئەمریکای باکوور

Pohjois-Amerikka

ئەمریکاری باشوور

Etelä-Amerikka

ئافریقا

Afrikka

ئاسیا

Aasia

ئوسترالیا

Australia

ئەتڵەسی، ئۆقیانووسی ئەتڵەسی

Atlantin valtameri

زەریای هێمن

Tyynimeri

ئۆقیانووسی هیندی

Intian valtameri

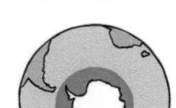

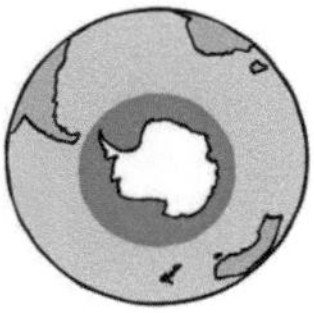

ئۆقیانووسی جەمسەری باشوور

Eteläinen jäämeri

ئۆقیانووسی جەمسەری باکوور

Pohjoinen jäämeri

جەمسەری باکوور

pohjoisnapa

جەمسەری باشوور
....
etelänapa

ناوچەی جەمسەری باشوور
....
Antarktis

ئەرز، زەوی
....
maa

خاک، وشکانی
....
maa

دەریا، زەریا
....
meri

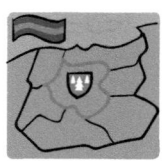

دوورگە
....
saari

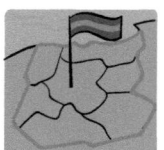

گەل، نەتەوە
....
kansa

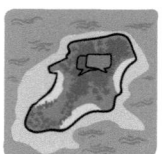

وڵات، پارێزگا، دەوڵەت
....
osavaltio

روخساری کاتژمێر

kellotaulu

نیشاندەری کاتژمێر

tuntiviisari

نیشاندەری خولەک

minuuttiviisari

دەستی دوو

sekuntiviisari

کاتژمێر چەندە؟، سەعات چەندە؟

Paljonko kello on?

ڕۆژ

päivä

کات، زەمان

aika

ئێستا، هەنووکە

nyt

کاتژمێری دیجیتاڵی

digitaalikello

خولەک

minuutti

کاتژمێر

tunti

هەفتە

viikko

دووشەممە
maanantai
سێشەممە
tiistai
چوارشەممە
keskiviikko
پێنجشەممە
torstai
هەینی
perjantai
شەممە
lauantai
یەکشەممە
sunnuntai

دوێنێ

eilen

ئەمڕۆ، ئەورۆ

tänään

سبەینێ

huomenna

بەیانی

aamu

نیوەڕۆ

keskipäivä

ئێوارە

ilta

ڕۆژی کار

työpäivät

کۆتایی هەفتە

viikonloppu

باران
sade
کۆلکەزێرینە
sateenkaari
بازکردن
tuuli
بەفر
lumi
بەهار
kevät
هاوین
kesä
پاییز
syksy
زستان
talvi

4.APRIL 11°
5.APRIL 4°
6.APRIL 13°
7.APRIL 8°
8.APRIL 10°

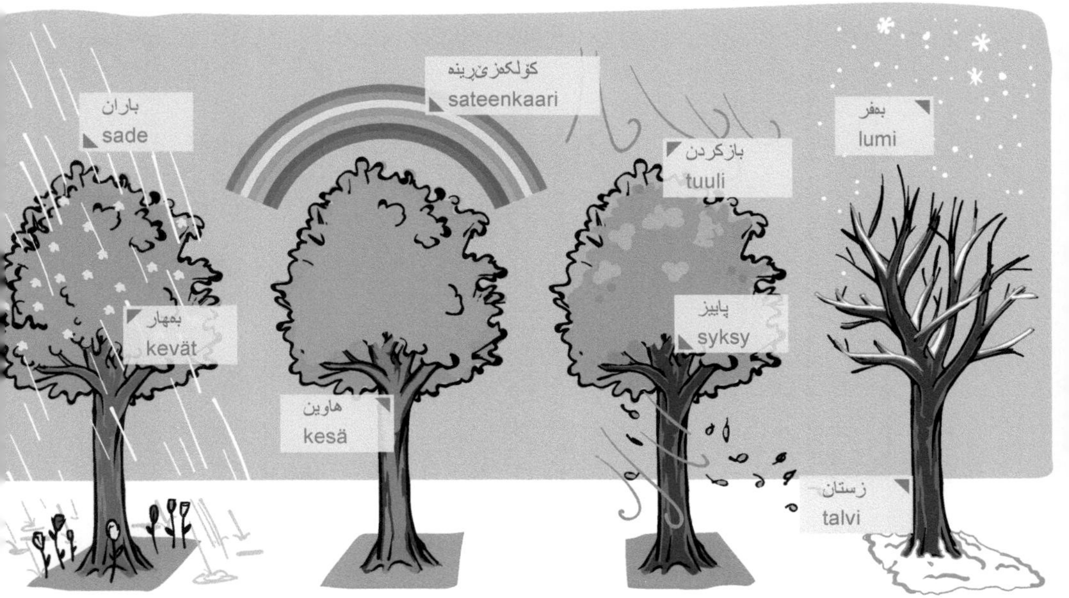

پێشبینی هەوا

sääennuste

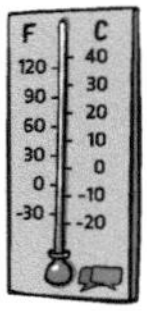

گەرماپێو

lämpömittari

خۆرەتاو

auringonpaiste

هەور

pilvi

تەمومژ

sumu

تەڕایی

ilmankosteus

هەورەتریشقە، بروسکە

....

salama

هەورەگرمە

....

ukkonen

باوبۆران، تۆفان

....

myrsky

تەرزە

....

rae

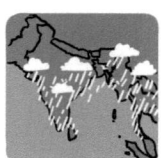

مانسوون

....

monsuuni

لافاو

....

tulva

سەهۆڵ

....

jää

جانیوەری

....

tammikuu

فێبریوەری

....

helmikuu

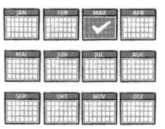

مارچ

....

maaliskuu

ئەپریل

....

huhtikuu

مەی

....

toukokuu

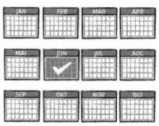

جوون

....

kesäkuu

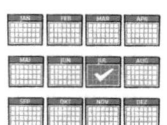

جوولای

....

heinäkuu

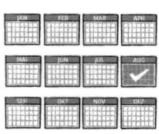

ئۆگۆست

....

elokuu

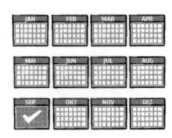

سێپتەمبەر
....
syyskuu

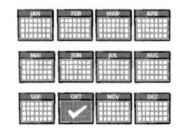

ئۆکتۆبەر
....
lokakuu

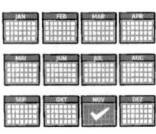

نۆڤەمبەر
....
marraskuu

دیسەمبەر
....
joulukuu

شێوەکان
muodot

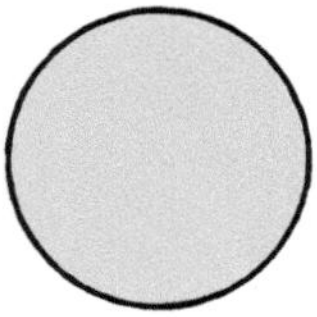

بازنە
....
ympyrä

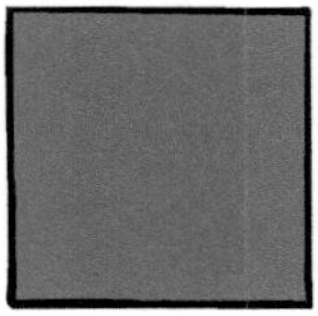

چوارگۆشە
....
neliö

چوارگۆشەی درێژ
....
suorakulmio

سێگۆشە
....
kolmio

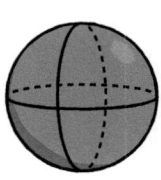

تۆپ، گۆ
....
pallo

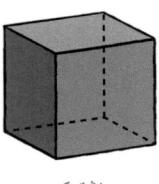

خشتەک
....
kuutio

ڕەنگەکان

värit

سپی

valkoinen

زەرد

keltainen

پرتەقاڵیی

oranssi

پەمەیی

vaaleanpunainen

سوور

punainen

بنەوش

violetti

شین

sininen

سەوز

vihreä

قاوەیی

ruskea

بۆر

harmaa

ڕەش

musta

دژبەرەکان
vastakohdat

زۆر / کەم

....

paljon / vähän

تووڕە / لەسەرەخۆ

....

vihainen / ystävällinen

جوان / ناحەز

....

kaunis / ruma

سەرەتا / کۆتایی

....

alku / loppu

گەورە / چکۆلە

....

suuri / pieni

ڕووناک / تاریک

....

vaalea / tumma

برا / خوشک

....

veli / sisko

خاوێن / چڵکن

....

puhdas / likainen

تەواو / ناتەواو

....

täydellinen / epätäydellinen

ڕۆژ / شەو

....

päivä / yö

مردوو / زیندوو

....

kuollut / elävä

پان / تەنگ

....

leveä / kapea

خۆش / ناخۆش

syötävä / syömäkelvoton

نەگریس / بەبەزەیی

paha / kiltti

وروژاو / بێزار

innostunut / tylsistynyt

قەڵەو / لاواز

lihava / laiha

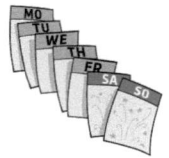

یەکەم / ئاخر

ensimmäinen / viimeinen

دۆست / دوژمن

ystävä / vihollinen

پڕ / خاڵی

täysi / tyhjä

ڕەق / نەرم

kova / pehmeä

قورس / سووک

painava / kevyt

برسی / توونی

nälkä / jano

نەخۆش / سڵامەت

sairas / terve

نایاسایی / یاسایی

laiton / laillinen

زیرەک / گەمژە

älykäs / tyhmä

چەپ / ڕاست

vasen / oikea

نزیک / دوور

lähellä / kaukana

نوێ / کۆن، بەکارهاتوو

uusi / käytetty

هیچ شتێک / شتێک

ei mitään / jotain

پیر / لاو

vanha / nuori

هەڵکراو / کوژاوە

päällä / pois päältä

کراوە / داخراو

auki / kiinni

بێدەنگ / دەنگی بەرز

hiljainen / äänekäs

دەوڵەمەند / هەژار

rikas / köyhä

ڕاست / هەڵە

oikein / väärin

زبر / ساف

karhea / sileä

خەمین / خۆشحاڵ

surullinen / iloinen

کورت/ درێژ

lyhyt / pitkä

هێواش / خێرا

hidas / nopea

تەڕ / وشک

märkä / kuiva

گەرم / فێنک

lämmin / viileä

شەڕ / ئاشتی

sota / rauha

ژمارەکان
numerot

0	1	2
سیفر	یەک	دوو
nolla	yksi	kaksi
3	4	5
سێ	چوار	پێنج
kolme	neljä	viisi
6	7	8
شەش	حەوت	هەشت
kuusi	seitsemän	kahdeksan
9	10	11
نۆ	دە	یازدە
yhdeksän	kymmenen	yksitoista

12

سێزده

دوازده
kaksitoista

13

سێزده
kolmetoista

14

چوارده
neljätoista

15

پازده، پانزه
viisitoista

16

شازده
kuusitoista

17

حەفدە
seitsemäntoista

18

هەژده
kahdeksantoista

19

نۆزده
yhdeksäntoista

20

بیست
kaksikymmentä

100

سەد
sata

1.000

هەزار
tuhat

1.000.000

میلیۆن
miljoona

زمانەکان

kielet

ئینگلیزی

englanti

ئینگلیزی ئەمەریکی

amerikanenglanti

چینی ماندارین

mandariinikiina

هیٚندی

hindi

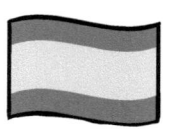

ئیسپانی

espanja

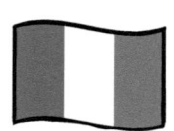

فەرەنسی

ranska

عەرەبی

arabia

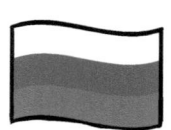

ڕووسی

venäjä

پۆرتوگالی

portugali

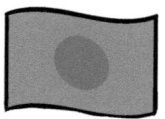

بەنگالی

bengali

ئاڵمانی

saksa

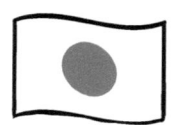

ژاپۆنی

japani

کێ / چی / چۆن

kuka / mitä / miten

من

minä

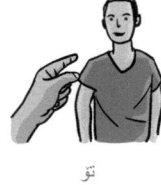

تۆ

sinä

ئەو

hän

ئێمە

me

ئێوە

te

ئەوان

he

کێ؟

kuka?

چی؟

mitä / mikä?

چۆن؟

miten?

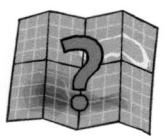

لەکوێ؟

missä?

کەنگێ؟ کەی؟

milloin?

HELLO, I AM

ناو

nimi

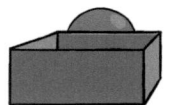

شوێن
missä

لەپشت
takana

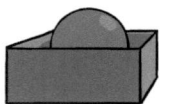

لە
sisällä

لەپێش
edessä

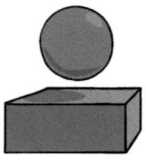

سەرێ
yläpuolella

لەسەر
päällä

ژێر
alapuolella

لە تەنیشت
vieressä

لەنێوان
välissä

شوێن، جێ
paikka